essentials

essentials liefern aktuelles Wissen in konzentrierter Form. Die Essenz dessen, worauf es als „State-of-the-Art" in der gegenwärtigen Fachdiskussion oder in der Praxis ankommt. *essentials* informieren schnell, unkompliziert und verständlich

- als Einführung in ein aktuelles Thema aus Ihrem Fachgebiet
- als Einstieg in ein für Sie noch unbekanntes Themenfeld
- als Einblick, um zum Thema mitreden zu können

Die Bücher in elektronischer und gedruckter Form bringen das Expertenwissen von Springer-Fachautoren kompakt zur Darstellung. Sie sind besonders für die Nutzung als eBook auf Tablet-PCs, eBook-Readern und Smartphones geeignet. *essentials:* Wissensbausteine aus den Wirtschafts-, Sozial- und Geisteswissenschaften, aus Technik und Naturwissenschaften sowie aus Medizin, Psychologie und Gesundheitsberufen. Von renommierten Autoren aller Springer-Verlagsmarken.

Weitere Bände in der Reihe http://www.springer.com/series/13088

Oliver Heun-Lechner

Kündigung

Faires und wertschätzendes Trennen

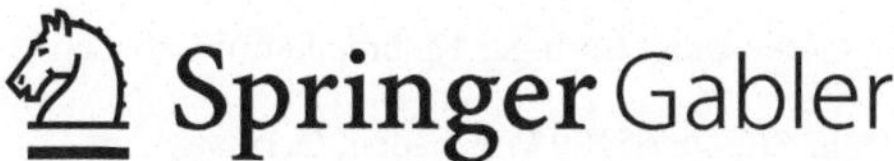 Springer Gabler

Oliver Heun-Lechner
Outplacement.house e.U.
Graz, Österreich

ISSN 2197-6708   ISSN 2197-6716   (electronic)
essentials
ISBN 978-3-658-30428-7   ISBN 978-3-658-30429-4   (eBook)
https://doi.org/10.1007/978-3-658-30429-4

Die Deutsche Nationalbibliothek verzeichnet diese Publikation in der Deutschen Nationalbibliografie; detaillierte bibliografische Daten sind im Internet über http://dnb.d-nb.de abrufbar.

Planung/Lektorat: Ann-Kristin Wiegmann
Springer Gabler ist ein Imprint der eingetragenen Gesellschaft Springer Fachmedien Wiesbaden GmbH und ist ein Teil von Springer Nature.
Die Anschrift der Gesellschaft ist: Abraham-Lincoln-Str. 46, 65189 Wiesbaden, Germany

Was Sie in diesem *essential* finden können

- Eine grundlegende Beschreibung von Trennungsmanagement und Trennungsprozess
- Ursachen und Risiken von personellen Trennungen
- Die Phasen von Trennungsgesprächen
- Handlungsempfehlungen für Deeskalationsbemühungen bei Trennungen
- Einen Überblick über Verhaltenstypologien von Betroffenen und Bleibenden
- Darlegungen von sozialen, fairen und wertschätzenden Handlungsweisen als gewinnbringendes Instrument für Organisation und Betroffene

Vorwort

Die Reduktion von Personalkapazitäten kann eine Vielzahl von Gründen haben und ist in Unternehmen kaum dauerhaft zu vermeiden. Die Folgewirkungen von personellen Trennungen werden in Organisationen nach wie vor unterschätzt. Obwohl einem professionellen Trennungsmanagement in aktuellen Studien hohe Erfolgsaussichten attestiert werden, stellen sich aber nur wenige Unternehmen selbst diesem immer wichtiger werdenden Thema. Das vorliegende Buch zeigt Risiken hinsichtlich Kündigungen und deren Ursachen auf und vermittelt Handlungsmöglichkeiten zur Reduzierung möglicher Folgeschäden.

Wenn alles Wirtschaften ausschließlich auf Verhalten basiert, kann ein fairer und wertschätzender Umgang bei Trennungen für Organisation und Betroffene zum Profit werden.

Im Sinne einer leichteren Lesbarkeit wird auf eine geschlechtsspezifische Differenzierung verzichtet, schließt jedoch alle Geschlechter gleichermaßen ein.

Graz, Österreich
Sommer 2020

Oliver Heun-Lechner

Inhaltsverzeichnis

Einleitung

1

Die immer höher werdende Komplexität, die sich rasch verändernden Märkte und damit einhergehend die notwendigen strategischen Veränderungen in Organisationen sind zu den täglichen Herausforderungen in der Wirtschaft geworden. Um Unternehmensexistenzen nachhaltig absichern zu können, sind Organisationen heute und werden morgen stärker denn je gefordert sein, ihre Ziele rigide zu verfolgen.

Personelle Trennungen sind in diesen Zeiten der raschen Veränderungen notwendig geworden und nicht zu vermeiden. Die Investition von sozialen, fairen und wertschätzenden Verhalten im Trennungsprozess kann zum Zugewinn für Organisationen und Betroffene werden. Die Kündigung eines Mitarbeiters ist das Ende einer innerbetrieblichen Arbeitsbeziehung. Die soziale Verantwortung gegenüber Betroffenen und Bleibenden endet aber nicht am Tag der Trennung, denn eine beendete Arbeitsbeziehung wirkt weiterführend auf den Unternehmenserfolg.

Die Folgewirkung einer Kündigung und die damit verbundenen Risiken sind vernachlässigte Themenfelder in Organisationen. Personalfreisetzungen werden in der Praxis hinsichtlich Prozess und Unternehmenskultur nach wie vor wenig berücksichtigt. So geben nur rund ein Drittel der deutschen Unternehmen an, eine Trennungskultur zu haben, wobei in derselben Studie (Kienbaum 2016) mehr als 80 % der befragten Unternehmen einem professionellen Trennungsmanagement Erfolg attestieren.

Die Tetrade aus Trennung – Bindung – Motivation – Beschaffung nimmt Einfluss auf die Organisationsentwicklung eines jeden Unternehmens. Der aktuell vorherrschende Fachkräftemangel macht es heute möglich, dass interessierte und hochqualifizierte Bewerber zwischen Arbeitgebern frei wählen können.

© Der/die Herausgeber bzw. der/die Autor(en), exklusiv lizenziert durch Springer Fachmedien Wiesbaden GmbH, ein Teil von Springer Nature 2020
O. Heun-Lechner, *Kündigung,* essentials,
https://doi.org/10.1007/978-3-658-30429-4_1

1

Kommunizierte Unternehmenswerte und für jedermann zugängliche Unternehmensbewertungen auf Bewertungsportalen (bspw. KUNUNU, Glassdoor) sind jene Faktoren, die den Unternehmenserfolg partiell gewährleisten oder auch verhindern können. So wird die eigene unternehmerische Attraktivität ausschlaggebend bei der Suche nach Kandidaten mit guter Passung.

Die innerbetrieblichen Leistungen im Sinne von Personalbeschaffung, Entwicklung und Bindung sind heute tragende Säulen einer Organisation. Unternehmenswerte und Kulturen, ob gelebt oder konzeptionell, sind die Arbeitergeberversprechen in Personalbeschaffungsprozessen geworden.

Die Bedeutung von Unternehmenswerten bekommt speziell in der Trennungsphase von Mitarbeitern einen besonders hohen Stellenwert. Ökonomische und persönliche Reputationsschäden auf beiden Seiten sind jene Folgeerscheinungen einer personellen Trennung, die es gilt zu verhindern. Die Sozialverantwortung gegenüber den Betroffenen und verbleibenden Mitarbeitern endet nicht im Prozess der Entscheidungsfindung, sondern geht deutlich darüber hinaus.

Ein Arbeitsplatzverlust ist ein einschneidendes Erlebnis im Berufsleben von Betroffenen. Ihre persönliche Resilienz ist in hohem Maß gefordert, um diese Krise durch persönliche Ressourcen meistern zu können.

Eine soziale, faire und nachhaltig unternehmerische Grundhaltung bei Trennungen wirkt auf die Organisationsentwicklung, auf die Außenwirkung des Unternehmens und auf die Gesellschaft allgemein. Leistungsrückgängen bei im Unternehmen verbleibenden Mitarbeitern kann mittels fairen und wertschätzenden Umgang und Kommunikation entgegengewirkt, Fluktuationen verhindert und Wissenstransfers gewährleistet werden.

Dieses essential gibt einen Überblick über Prozesse, Risiken, Verantwortungen und eine möglichst faire und wertschätzende Vorgehensweise bei Personalfreisetzungen.

Trennungsmanagement 2

In der Vergangenheit wurden Kündigungen in Organisationen über lange Zeit hinweg tabuisiert, wenig besprochen und selten umfänglich evaluiert. Die Folge dieser Umstände zeichnet sich heute noch in Form von Unerfahrenheit und Unsicherheit bei Beteiligten bzw. Kündigenden ab. Wirtschaftliche Ergebnisse können dadurch beeinträchtigt werden und die Reputation von Unternehmen kann dadurch Schaden nehmen. Nach Andrzejewski (2008) kosten unprofessionelle Trennungen „nach Art des Hauses" Geld und haben messbare wirtschaftliche Folgen.

Die unerfreulichen Folgewirkungen von personellen Trennungen in der Historie vieler Unternehmen haben dazu geführt, dass diesem Themenfeld seit rund zwei Jahrzehnten mehr Aufmerksamkeit gewidmet wird. Heute ist die Planung von Maßnahmen, die mit einem Personalabbau in Verbindung steht im Begriff des Trennungsmanagements (TMgt) zusammengefasst.

Das Personalmanagement ist zwangsläufig angehalten laufend strategische oder operative Personalentscheidungen zu treffen. Die faktische und nicht nur theoretische Integration im obersten Management ermöglicht und erfordert die Mitbestimmung bei strategischen Veränderungen und bei der Gestaltung hinsichtlich personeller Verantwortung. (Berthel und Becker 2017, S. 14).

Es wäre aber zu kurz gegriffen, das Trennungsmanagement in isolierter Form alleine dem Verantwortungsbereich des Personalmanagements zu zuordnen. Vielmehr liegt die Verantwortung in der Organisationsentwicklung (OE). Als ihre Hauptaufgabe gilt die Begleitung von Veränderungsprozessen, die wiederum die langfristige Absicherung von Unternehmensexistenzen zum Ziel hat.

Aus einer rudimentären Betrachtungsweise heraus schließt das Trennungsmanagement alle Entscheidungen, Maßnahmen und Prozesse ein, die aktiv von der Organisation angestoßen werden und in Verbindung mit dem inner-

© Der/die Herausgeber bzw. der/die Autor(en), exklusiv lizenziert durch Springer Fachmedien Wiesbaden GmbH, ein Teil von Springer Nature 2020
O. Heun-Lechner, *Kündigung,* essentials,
https://doi.org/10.1007/978-3-658-30429-4_2

betrieblichen Personalabbau stehen. Die Zuordnung in den Bereich der Organisationsentwicklung wird durch die Definition des ganzheitlichen Trennungsmanagements verständlicher. Es umfasst Strategieentwicklung, Strukturentwicklung, Kulturentwicklung und Qualifikationsentwicklung.

Ein erfolgreiches Trennungsmanagement bedarf einer akribischen Planung des gesamten Trennungsprozesses. Beginnend mit der Entscheidungsfindung und endend mit einer Evaluierung. Unter Berücksichtigung aller arbeitsrechtlichen und organisatorischen Gesichtspunkte sollte einer professionellen Planung ausreichend Zeit gewidmet werden. Für ein solides Projekt-Management gelten Zeitspannen unter 4 Monaten als unüblich. Es ist erforderlich relevante Führungskräfte frühzeitige in den Prozess einzubinden.

Ein Trennungsmanagement ist aktiv. Es unterstützt faire Entscheidungen für Betroffene, Verbleibende, Organisation und das gesamte Umfeld. Gleichwohl ein Arbeitsplatzverlust im Grunde für Betroffene kaum als absolut fair gelten kann, sind Unterschiede zwischen fairen und weniger fairen Entscheidungen in kurzer Zeit erkennbar und auch messbar (Hanschitz 2016, S. 21).

Möglichst faire Entscheidungen und eine wertschätzende Haltung im Trennungsmanagement sind auch Teil der gesellschaftlichen Verantwortung von Unternehmen (CRS: Corporate Social Responsibility). CRS beeinflusst die Corporate Identity der Bleibenden als erforderliches Element und kann Unternehmenswerte, sowie den Wert der Arbeitgebermarke wesentlich beeinflussen.

In der internen Zielgruppe eines professionellen Trennungsmanagements sind Management, Betroffene, Bleibende und Arbeitnehmervertreter zusammengefasst. Extern sind es Kunden und Lieferanten, Investoren, öffentliche Institutionen und die Gesellschaft allgemein.

Trennungsmanagementaufgaben von Organisationen können partiell in Form von Beratungsleistungen vergeben werden. Diese Vorgehensweise erfordert i. d. R. eine enge und überaus vertrauensvolle Zusammenarbeit mit dem Auftraggeber. Eine vollumfängliche Vergabe aller Aufgaben an externe Beratungen ist aber im Grunde wenig zielführend.

Trennungsprozess 3

Ein definierter Trennungsprozess dient allen Beteiligten als Leitlinie bei Personalfreisetzungen. Der gezeigte Prozess (vgl. Abb. 3.1) kann in der Praxis innerhalb der Prozessschritte im Detail abweichen und erfordert auch Anlass bezogen Adaptionen. Trennungen können sich auf Grund innerbetrieblicher Umstände und der verschiedenen Reaktionen deutlich unterscheiden und gleichen sich in nur wenigen Fällen im Detail. Trennungsprozesse sollten daher auch Fall und Anlass bezogen individuell entwickelt werden. Durch starre Konzeptionen können Prozessfehler entstehen, die sich negativ für Betroffene, Bleibende und die Organisationen auswirken können.

Entscheidungsphase (1)

- Entscheidung Personalabbau
- Situationsanalyse
- Information Arbeitnehmervertreter
- Planung
- Kommunikationskonzept

In dieser ersten Phase fällt die Unternehmensleitung bzw. das Management die Entscheidung Personal abzubauen. Dieser Entscheidung geht ein Ausloten alternativer Optionen voraus. Alternativen um die Reduktion des Personalbestands zu vermeiden, sind in qualitativ-orientierte, örtlich-orientierte und zeitlich-orientierte Maßnahmen gegliedert und im Begriff der internen Freisetzung zusammengeführt. In der Praxis sind hier beispielhaft und in selber Reihenfolge die Änderung von Qualifikationen (Personalentwicklung), die Versetzung von Mitarbeitern an einen anderen Betriebsstandort und flexible Arbeitszeitmodelle anzuführen (Berthel und Becker 2017, S. 464).

5

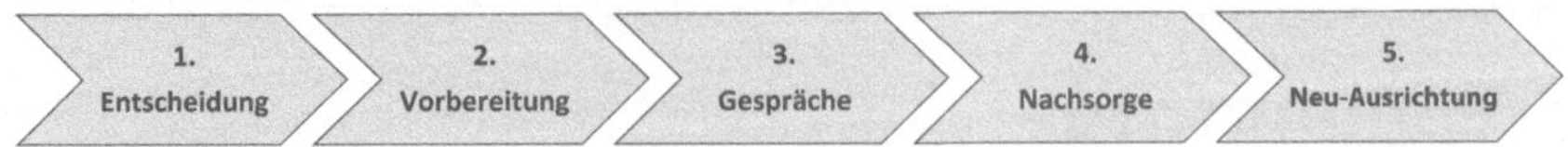

Abb. 3.1 Trennungsprozess in fünf Phasen

Diese Phase schließt eine Situationsanalyse für das gesamte Unternehmen und strategische Erwägungen in Bezug auf den Personalabbau selbst ein. Es gilt zum einen den Staus quo zu erheben, zum anderen aber auch die Umstände zu verifizieren, die in diese Lage geführt haben. Daraus ergeben sich Ansätze für eine Kurskorrektur oder Neuausrichtung.

Einzelkündigungen wirken selten auf das gesamte Unternehmen, erfordern aber ebenfalls Situationsanalysen und Erwägungen für interne Veränderungen. Personelle Trennungen sind mit monetären und nicht monetären Kosten verbunden und in Relation zum kurzfristigen Nutzen durchaus erheblich. Der Verzicht von Analysen kann zu wiederholten Mehrkosten führen. Die Ziele einer Trennung sollten daher klar definiert sein und den Transaktionskosten, dem Produktivitätsverlust und der Motivationsveränderung bei Bleibenden gegenübergestellt werden.

In einer kooperativen internen Handhabung werden Arbeitnehmervertreter (Betriebsräte) bereits in dieser ersten Prozessphase informiert und weitere Vorgehensweisen abgestimmt. Die Verhandlungen möglicher Sozialpläne beginnen mit dem Schritt der Information. Bei einem groß angelegten Personalabbau empfiehlt sich der Einsatz eines Projektteams.

Es sollte in dieser ersten Phase bereits ein durchgängiges und schlüssiges Kommunikationskonzept erstellt werden, da eine latente ernst zu nehmende Gefahr besteht, dass Informationen frühzeitig nach außen dringen.

Vorbereitungsphase (2)

- Auswahlkriterien
- Projektplan
- Mitarbeiterinformation
- Verhandlung Sozialplan
- Maßnahmenplanung für Betroffene und Bleibende
- Gesprächsplanung und Vorbereitung

In der Vorbereitungsphase wird die Entscheidung gefällt, mit welchen Mitarbeitern die Zukunft gestaltet werden soll und mit welchen nicht.

Die Entscheidungen ausschließlich auf Basis einer unterschiedlichen Mitarbeiter-Performance zu treffen ist nur ein Blick in die Vergangenheit. Vielmehr sollte die Frage gestellt werden, welche Qualifikationen und Kompetenzen gefordert sein werden, um die Zukunft erfolgreich meistern zu können.

In der Erstellung des Projektplans stehen Fristen und gesetzliche Vorgaben im Vordergrund. Die Vorgaben des Gesetzgebers einer Anmeldung bei Massenkündigungen (§ 17 KSchG in Deutschland, sowie § 45a AMFG in Österreich) sind für Arbeitgeber tragend, um die Wirksamkeit von Kündigungen nicht zu gefährden.

Wichtig ist, dass bereits in dieser Phase die Belegschaft über die geplanten Veränderungen informiert wird, noch bevor die Öffentlichkeit darüber Kenntnis erlangt. Die Folgewirkungen bei einem nichteinhalten dieser existenziellen Regel können für Betroffene, Bleibende und Organisationen schwerwiegend sein.

War das Hinzuziehen der Arbeitnehmervertreter in der ersten Prozessphase der freien Wahl überlassen, wird hier eine Zusammenarbeit zwingend. Bei Massenkündigungen ist in diesem Abschnitt der Sozialplan zu verhandeln, bei Einzelkündigungen sind die Informationspflicht gegenüber den Arbeitnehmervertretern und damit einhergehend deren Handlungsoptionen zu berücksichtigen. Die Handlungsoptionen von Betriebsräten haben Einfluss auf mögliche arbeitsrechtliche Schritte der Betroffenen.

Als wesentliches Instrument für einen Sozialplan werden bspw. nach Monke (2007) Punkteschemata herangezogen. Die Faktoren wie Betriebszugehörigkeit, Lebensalter, Unterhaltspflichten und Behinderungen werden mit Punkten bewertet und bedürfen einer genauen und sorgfältigen Ermittlung.

Da die Verantwortung gegenüber Betroffenen und Bleibenden nicht mit der Personalfreisetzung endet, sollten in der Planung auch Maßnahmen für eine psychologische Nachsorge bis zu möglichen New-Placement-Leistungen hier ihre Berücksichtigung finden.

Um eine möglichst faire und wertschätzende Trennung realisieren zu können, ist eine äußerst detaillierte Planung der Trennungsgespräche eine conditio sine qua non.

Gesprächsphase (3)

- Führen der Trennungsgespräche
- Umsetzung des Sozialplans
- Angebote und Maßnahmen
- Vereinbarung von Folgeterminen
- Krisenintervention

Trennungsgespräche finden zwischen Vorgesetzten und Betroffenen statt. HR-Mitarbeiter oder Arbeitnehmervertreter können hinzugezogen werden. Es hat eine hohe Bedeutung, dass die Willenserklärung des Arbeitgebers vor allem wertschätzend, klar und gut verständlich überbracht wird, ohne dass die Würde der Betroffenen Schaden nimmt.

Termination should end the job, not the man! (William J. Morin, Mitbegründer der ersten Outplacements in den USA).

Angebote und Maßnahmen werden vermehrt erst in einem Folgetermin besprochen und geklärt. Die Anzahl der Folgetermine ist vorab zu definieren. Dieser nächste erforderliche Gesprächstermin sollte umgehend und verbindlich für die nächsten Tage vereinbart und Maßnahmen zur Krisenintervention bei Bedarf angeboten werden.

Nachsorgephase (4)

- Betreuung der Betroffenen
- Folgetermine
- Verhandlungen
- Deeskalation

Die Ausnahmesituation der Betroffenen verlangt nach einer (Nach-)Betreuung, allem voran durch Auffanggespräche. Diese Gespräche sollten angeboten werden und auf Freiwilligkeit basieren. Die Verantwortung dafür liegt im Unternehmen und dient den Interessen beider Seiten, nämlich der Vermeidung von Reputationsschäden, aber auch um den Selbstwert von Betroffenen zu schützen. Diese Aufgabe kann unternehmensintern erfolgen. Probate Alternativen stellen Psychologen oder Outplacement- bzw. New-Placement-Berater mit psychologischem Hintergrund dar. Für Betroffene ist der Austausch außerhalb der Familie förderlich und entlastet gleichzeitig auch ihr privates Umfeld.

Angebote und Maßnahmen im bereits davor vereinbarten Folgetermin sollten im Beisein einer qualifizierten und gut vorbereiteten Fachkraft aus dem Personalmanagement stattfinden. Hanschitz (2016) weist aufgrund von Praxiserfahrungen darauf hin, dass Betroffene in dieser Prozessphase verstärkt zu Nachverhandlungen von Trennungspaketen neigen.

Ein zügiges Vorankommen und ein zeitnaher Abschluss der Verhandlungen finalisiert diese vierte Phase im Trennungsprozess. Die willentliche Deeskalation seitens der Organisation ist ein Gradmesser für Folgewirkungen.

Wer das imageschädigende Verhalten von Mitarbeitern, die unfreiwillig aus Unternehmen ausgeschieden sind erlebt hat, kann sich die Notwendigkeit nach fairen und wertschätzenden Verhalten gut vor Augen führen. Nicht nur im Sinne der Mitarbeiter, sondern gerade im Sinne der Unternehmen selbst, ist der Wille nach Deeskalation eine unabdingbare Voraussetzung (Achouri 2015, S. 89).

Neuausrichtung (5)

- Betreuung der Bleibenden
- Verabschiedung
- Betreuung der Betroffene
- Evaluierung

Die Neuausrichtungsphase betrifft vordergründig die Organisation. Personelle Veränderungen bringen Unruhe, Ungewissheit und bedingt auch Ängste mit sich. Das Vertrauen in die Organisation oder zu den Verantwortlichen kann Schaden nehmen. Diesbezügliche Initiativen sollten vor allem vertrauensstiftende Maßnahmen zum Inhalt haben. Die Potentialität dafür ist vielfältig. Unabhängig von der gewählten Vorgehensweise ist ein Neustart in neuer Formation (Team) zu signalisieren, Bedürfnisse sind zu erfragen und Vereinbarungen für die Zukunft zu treffen. Aufgrund der oft vorherrschenden Betroffenheit bei Bleibenden, soll Gekündigten in dieser Phase auch die Möglichkeit gegeben werden, sich in einem angemessenen Rahmen von Bleibenden verabschieden zu können.

Die weiterführende Betreuung der Betroffenen kann durch externe Berater begleitet werden. Die Nutznießer dieser Beratungsdienstleistungen sind nicht ausschließlich die Betroffenen und aus monetärer Sicht die Berater, sondern allem voran die Organisation.

Die soziale Verantwortung und Wertschätzung gegenüber ausscheidenden Mitarbeiter ist eine starke Signalwirkung für Bleibende. Nach Struck; Stephan; Köhler; Krause; Pfeifer; Sohr (2006) steigt die Akzeptanz von Personalabbau signifikant durch Unterstützungsangebote (bspw. New-Placement-Beratung und Coaching) seitens der Organisationen.

Eine Evaluierung in diesem Zusammenhang hat nicht nur die Zielerreichung hinsichtlich Kosten, Kapazitäten, Produktivität oder anderer geplanter spezifischen Veränderungen zum Inhalt. Es sollte auch die Qualität des Projektmanagements im Trennungsprozess evaluiert und die Effektivität der einzelnen Maßnahmen ermittelt werden. Nachgelagerte Austrittsinterviews (Exit-Gespräche) zwischen Mitarbeitern des Personalmanagements und Betroffenem gewinnen in diesem Zusammenhang an Bedeutung. Auch ist es für ein Learning durchaus hilfreich, Wirkungen und Reaktionen der internen und externen Zielgruppe des Trennungsmanagement auszuwerten.

Beteiligte und ihre Verhaltenstypologien

Grundsätzlich können interne und externe Zielgruppen in einem erweiterten Blick als Beteiligte zusammengefasst werden. In dieser fokussierten und prozessbezogenen Betrachtung stehen die Führungskräfte, die Gekündigten und die im Unternehmen verbleibenden Mitarbeiter im Mittelpunkt.

4.1 Vorgesetzte

Der direkte Vorgesetzte (der Kündigende) ist derjenige, der die Willenserklärung der personellen Trennung vermittelt. Die im Management ungeliebte und oft belastende Führungsaufgabe wird gerne an Verantwortliche des Personalmanagement delegiert, das sollte von erfahrenen Personalisten stringent abgelehnt werden. Kündigen ist Sache von Vorgesetzten.

Die Belastungen, denen Kündigende ausgesetzt sind, erklären sich durch ihre Sandwichposition (vgl. Abb. 4.1) im Trennungsprozess. So haben Kündigende die Interessen der Geschäftsleitung, des Personalmanagements und der Betriebsräte zu vertreten. Die verschiedenen Rollen führen zu Konflikten, die Spannungszustände zur Folge haben können.

Verhaltenstypologien nach Andrzejewski:

- Verdränger
- Konfrontierer
- Konsens-Sucher

Abb. 4.1 Sandwichposition von Kündigenden in Trennungsprozessen

Das Feld der Typologien könnte deutlich breiter gefasst werden. Die drei genannten Reaktionstypen finden sich häufig in den Beobachtungen aus der Praxis wieder.

Der Verdränger versucht dem Rollenkonflikt in Form von Abspaltung, Rationalisierung und durch eine klare Zuordnung zu seiner Aufgabe bzw. seiner Vorgesetztenfunktion entgegenzuwirken. Eine bewusste und geordnete Vorbereitung und Evaluierung der Entscheidungsfindung kann für diesen Reaktionstyp hilfreich sein.

Durch seine Grundeinstellung gegenüber Trennungen neigt der Konfrontierer tendenziell dazu, die Aufgabe sehr technisch zu lösen. Das kann sich beispielsweise durch das Hinzuziehen von Experten mit ausgeprägten Menschenbezug und durch eine unübersehbare Sachlichkeit abzeichnen. Dieses Verhalten wird auch unbewusst von seiner eigenen Unsicherheit getrieben. Ein Zulassen der eigenen Gefühle kann ein übertrieben hartes Vorgehen bei Kündigungen verhindern und mögliche Folgeschäden könnten dadurch gegebenenfalls auch reduziert werden.

Die Verhaltensweisen der Konsens-Sucher kommen einer sozialen, fairen und wertschätzenden Trennung entgegen. Dieser Typus zeichnet sich nicht nur durch emphatisches Verhalten aus, sondern auch durch den eigenen Willen eine einvernehmliche Lösung zu erzielen. Hinsichtlich einer erforderlichen Deeskalation kann durch diese Handlungsweisen Schadenbegrenzung betrieben und Kompromisse realisiert werden. Konsens-Sucher sind angehalten sich klare emotionale und sachliche Grenzen zu setzen, um bei Zugeständnissen leichter innerhalb des festgelegten Rahmens bleiben zu können.

4.2 Betroffene

Die Verhaltensweisen und Reaktionen von Gekündigten sind schwer im Vorfeld einzuschätzen und im Grunde vielfältig wie Personen selbst. Andrzejewski (2008) und Hanschitz (2016) verweisen in ihren Büchern auf vier typische Verhaltenstypen.

- Selbstbeherrschte
- Geschockte
- Aufbrausende
- Verhandler

Die theoretische Auseinandersetzung mit diesen Reaktionstypen in der Vorbereitung bzw. Planung kann Kündigenden ein Maß an Sicherheit geben und Deeskalationsbemühungen können dadurch ggf. erfolgreicher wirken.

Der Selbstbeherrschte wird im Zuge der Überbringung einer Kündigung i. d. R. kaum emotionale oder körpersprachliche Regungen zeigen. Infolgedessen ist es für Kündigende schwer festzustellen, ob die Botschaft von Betroffenen aufgenommen bzw. auch verstanden wurde. In diesem Fall ist das Wiederholen der Botschaft zielführend, sowie auch das klare Signalisieren von Offenheit und Dialogbereitschaft.

Der Geschockte ist etwas leichter einzuschätzen. Seine Reaktionen zeigen sich deutlicher in der Körpersprache. Typische Zeichen sind das Starren ins Leere oder seine Handflächen verdecken bspw. sein Gesicht, seine Sprache wird weniger verständlich. Diesem Betroffenen sollte Zeit eingeräumt werden, um sich wieder sammeln zu können. Dieser Typus verlangt indirekt nach einem Angebot für Auffanggespräche und Folgetermine. Ein ausgeprägtes verständnisvolles Handeln ist in diesen Situationen zu empfehlen.

Die Reaktion eines Aufbrausenden ist gekennzeichnet von unterschiedlichen Ausprägungen an Aggressivität. Die Aggressivität hat eine Ventilfunktion um dem Ärger der Enttäuschung oder dem Unverständnis Ausdruck zu verleihen und um „Druck abzulassen". Bei nicht professioneller Vorbereitung ist die Wahrscheinlichkeit einer Eskalation in einer Situation wie dieser überdurchschnittlich hoch. Eine Abgrenzung (ggf. auch Ablenkung) kann das Risiko einer Eskalation reduzieren. Es sollte auch darauf geachteten werden, den Betroffenen während seiner Ausführungen nicht zu unterbrechen oder ins Wort zu fallen. Ein Spiegeln, wie beispielsweise durch Kopfnicken, kann die Situation ebenfalls entschärfen.

Verhandler hingegen wirken gefasst und vorbereitet. Der erste Schock ist in manchen Fällen rasch überwunden und für unerfahrene Kündigende nicht immer wahrnehmbar. Während Kündigende noch in einer abwartenden Position verharren, übernehmen Verhandler häufig das Ruder und sind schnell in medias res. Verhandler scheinen auch zuversichtlich zu sein, die Trennung durch Alternativvorschläge abwenden zu können. Folgetermine sind probate Lösungsansätze um Diskussionen im ersten Schritt abzuwenden.

4.3   Bleibende

Bleibende sind keine „Survivors". Bleibende sind jene Personen, die die Organisation für die Gestaltung der Zukunft brauchen wird. Die vier Reaktionstypen sind auf Mishra und Spreitzer zurückzuführen, die sich bereits 1998 mit Personalabbau-Reaktionen von Bleibenden beschäftigt haben.

- Gekränkte
- Getreue
- Nörgler
- Befürworter

Gekränkte reagieren in gewissen Maßen destruktiv und nehmen gerne eine passive Haltung ein. Leistungs-, Bestands- und Existenzängste sind symptomatisch für diesen Reaktionstypus. Das Engagement und die Verbundenheit zum Unternehmen können bei Gekränkten nach einem vollzogenen Personalabbau deutlich abnehmen. Die persönliche Resilienz verhindert oftmals eine zügige Verarbeitung von Geschehenem. Ein direkter Dialog mit Verantwortlichen oder direkten Vorgesetzten, sowie Coaching oder ein moderierter Austausch in einem Einzelsetting, aber auch in einer Gruppe kann Verarbeitungsaktivitäten anstoßen bzw. fördern. Vertrauensstiftende Maßnahmen sind erforderlich, um Kränkungen zu lindern und einen Stillstand zu vermeiden.

Getreue hingegen zeigen kaum Ängste, sondern begegnen der Veränderung nahe zu gelassen und fühlen sich wenig davon betroffen. Sie befürchten keinen persönlichen Schaden durch die Personalreduktion und zeigen ein hohes Maß an Bereitschaft für Anpassung und für die Übernahme neuer Aufgaben. Die Verbundenheit zur Organisation bleibt in vielen Fällen unverändert. Ein aktives Einbinden von Getreuen bei der Neugestaltung kann zur persönlichen Kompetenzsteigerung und allgemein zur Aktivierung von Getreuen beitragen.

Die Nörgler wiederum zeigen ähnlich den Gekränkten Ängste. Dieser Verhaltenstypus ist jedoch eher in der Lage, sich durch seinen stärkeren Eigenantrieb in der neuen Situation zurechtzufinden. Neben Wut und Aufgeregtheit, sind auch zynische und wenig wertschätzende Verhaltensweisen zu beobachten. Das Commitment gegenüber der Organisation sinkt tendenziell. Persönliche Schäden durch die Veränderungen werden von Nörglern befürchtet. Auch hier kann ein Angebot zur Mitgestaltung wegweisend sein, um einen Neustart in neuer Formation erfolgreich gestalten zu können.

Die Befürworter sehen in der Unternehmensentscheidung, Personal abzubauen, ihre persönlichen Chancen. Sie agieren deshalb meist sehr aktiv und kommunizieren auch unaufgefordert mit Kritikern bzw. Nörglern. Ein Angebot zur Mitgestaltung ist in vielen Fällen nicht erforderlich, da sich dieser Typus in keiner Weise bedroht fühlt, sondern von sich heraus deutlichen Gestaltungswillen zeigt. Diese Denk- und Handlungsweisen lassen sich intern nutzen, um Veränderung voranzutreiben.

Gründe für personelle Trennungen

Die Personalfreisetzung (auch Personalanpassung) ist eine Reduzierung der Personalüberdeckung. Die Spezifizierung in der Wirtschaftswissenschaft erfolgt üblicherweise in eine quantitative, qualitative, zeitliche und örtliche Reduzierung. Alternativen zur Vermeidung von Freisetzungen sollten vorab geprüft und beurteilt werden. Dieses Kapitel konzentriert sich auf vier wesentliche Gründe, die eine personelle Trennung zur Folge haben können.

5.1 Wirtschaftliche Gründe (Betriebsbedingte Kündigung)

Eine rückläufige Entwicklung in konjunktureller Hinsicht kann auf vielerlei Gründe zurückgeführt werden. Beginnend mit Fehleinschätzungen in der Planung, mangelnder Service- oder Produktqualität, Marktveränderungen bis hin zu den omnipräsenten Umbruchsthemen wie Globalisierung, Digitalisierung und Automatisierung.

Viele damit verbundene und erforderliche Handlungsmaßnahmen wie bspw. Fusionen und Akquisitionen stehen in unmittelbaren Zusammenhang mit Strategie- und Strukturveränderungen. In vielen dieser Fälle sind qualitative oder quantitative Personalabbaumaßnahmen erforderlich.

Eine strategische Neuorientierung der Organisation soll im Grunde Wachstum und gesundes Wirtschaften gewährleisten und ist in vielen Fällen ohne einen Personalabbau nicht realisierbar.

Im diesem Kontext sind Strukturveränderungen in unterschiedlichen Ausprägungen obligat. Auf Grund dringender betrieblicher bzw. wirtschaftlichen Erfordernisse wird die Begrifflichkeit der betriebsbedingten Kündigung, geschützt durch das Kündigungsschutzgesetzt (KSchG), angewandt. Im Zusammenhang mit betriebsbedingten Freisetzungen wird allgemein eine höhere Akzeptanz der Strukturveränderung bei Bleibenden beobachtet. Das begründet sich durch den Faktor der Solidarität und durch die Absicherung der Unternehmensexistenz. Betriebsbedingte Kündigungen sind für Betroffene tendenziell leichter nachzuvollziehen bzw. aufzuarbeiten, als Kündigungen bedingt durch Fehlverhalten oder auf Grund von Vertrauensthemen.

5.2   Verhalten (Verhaltensbedingte Kündigung)

Das Verhalten von Mitarbeitern wird im Wesentlichen durch die Personalführung (auch Verhaltenssteuerung) beeinflusst. Die im Rahmen der Systemgestaltung entstandenen Systeme geben formell oder informell in Form eines Führungsleitbildes Handhabungen vor und geben Mitarbeitern Orientierung in ihrem Handeln. Ein Führungsleitbild kommuniziert gewünschte und erwartete Handlungsweisen einer Organisation.

Nach Neuberger (1990) erleichtern Mitarbeiter, die durch Ausbildung verantwortungsvoll und selbstständig handeln die Führungsaufgaben von Vorgesetzten. Die möglichen nicht konformen Verhaltensweisen von Mitarbeitern können auf mangelnde interne Ausbildung, Führungsdefizite, Veranlagung oder „Glaubenssätze" zurückzuführen sein. Die mangelnde Passung im Verhalten der Betroffenen hat Wirkung auf ganze Gruppen und kann zu erheblichen innerbetrieblichen Irritationen und zu einem Leistungsabfall führen.

Zwischen Fehlverhalten und nicht unternehmenskonformen Verhalten sollte unterschieden werden. Dem Fehlverhalten wird aus arbeitsrechtlicher Sicht bspw. der Verstoß gegen ein betriebliches Verbot, die bewusste Manipulation von Daten, Mobbing und Diskriminierung oder unentschuldigtes Fernbleiben zugeordnet. Nicht konformes Verhalten sind wiederum Verhaltensweisen, die den Unternehmenswerten oder dem Leitbild nicht entsprechen bzw. unerwünscht sind.

In beiden Fällen sind schriftliche Dokumentationen bis hin zur Abmahnung und Gespräche zwischen Vorgesetzten und Mitarbeitern erforderlich. Zum einen um als Unternehmen arbeitsrechtlich abgesichert zu sein, anderseits um betroffene Mitarbeiter nicht unvermittelt erst im Trennungsprozess damit konfrontieren zu müssen. Im Sinne von Fairness und Deeskalationsbemühungen sollte stets sichergestellt sein, dass Personen bereits im Vorfeld einer Trennung über ihre nicht erwünschten Verhaltensweisen in Kenntnis sind.

5.3   Vertrauen (Verhaltensbedingte Kündigung)

Aus der Sichtweise heraus, dass Vertrauen die Basis einer guten Zusammenarbeit zwischen Führungskraft und Mitarbeiter ist, rechtfertigt dieses eigene Unterkapitel, obwohl es sich auch hier um verhaltensbedingte Kündigungsgründe handelt.

Einerseits geht es darum, ob jemand vertrauen kann (bspw. eine Führungskraft), andererseits ob jemanden vertraut werden kann. Nicht nur in Führungsbeziehungen spielt die Frage nach Vertrauen eine zentrale Rolle.

Nach Luhmann (2014) reduziert Vertrauen die soziale Komplexität und ermöglicht dadurch freibleibende Kapazitäten anderweitig nutzen zu können. Durch die risikobehaftete Vorleistung des Vertrauenden erschließen sich Verhaltensmöglichkeiten, die ohne Vertrauensvorschuss kaum möglich wären.

Das Vertrauen zwischen Vorgesetzten und Mitarbeiter lässt somit höhere Kapazitäten zu, als bei Misstrauen. Ein intaktes Vertrauensverhältnis dient nach Johnson und Johnson (1995) der Zufriedenheit, der Motivation und in Folge einem engagierten Verhalten.

Vielerlei Verhaltensweisen können zu einem Vertrauensverlust oder Vertrauensbruch führen. Das Misstrauen als Gegenbegriff zum Vertrauen reduziert ähnlich dem Vertrauen auch die soziale Komplexität. Die Verhaltensfolgen stellen sich jedoch gänzlich konträr dar.

Ein beschädigtes Vertrauensverhältnis (siehe auch Abschn. 7.1 Psychologischer Vertrag) erschwert eine direkte Zusammenarbeit in hohem Maß. In manchen Fällen ist eine weitere Zusammenarbeit nicht mehr möglich. Da die Wiederherstellung von Vertrauen einen sehr langen Zeitraum erfordern würde und der Ausgang als ungewiss gilt, kommt es in Organisationen in diesem Zusammenhang auch zu verhaltensbedingten personellen Trennungen.

Auch in diesem Kontext sind schriftliche Dokumentationen, sowie Mitarbeitergespräche erforderlich und sollten im Vorfeld einer Trennung eindeutig besprochen und vor allem (auf-)geklärt werden.

5.4 Leistungsfähigkeit (Personenbedingte Kündigung)

Wenn Mitarbeiter nicht mehr in der Lage sind eine Tätigkeit auszuführen, kann personenbedingt gekündigt werden. Voraussetzungen dafür sind, dass Betroffene keinen eigenen Einfluss auf die Behebung dieses Umstands haben und durch diese Defizite Abläufe in Unternehmen erheblich gestört werden.

Den größten Anteil weisen krankheitsbedingte Kündigungen auf. Wenn eine negative ärztliche Gesundheitsprognose vorliegt und attestiert, dass die Erfüllung der Arbeitspflichten auf Dauer nicht möglich ist, können diese Kündigungen vollzogen werden. Das gilt auch für Krankenstände, für die eine Arbeitsunfähigkeit von mehr als 18 Monaten zu erwarten ist (Urteil des BAG 1992).

Neben den gesundheitlichen und körperlichen Gründen, können auch fachliche oder charakterliche Gründe eine personenbedingte Kündigung zur Folge haben. Jedoch nur unter der Prämisse, dass die Leistungsmängel dieser Mitarbeiter durch keine anderen Mittel behoben werden können (Urteil des BAG 2003).

Um personenbedingten Kündigungen hinsichtlich längerer Krankenstände entgegenzuwirken, sind in Deutschland (§ 27 SGB III), wie auch in Österreich (WIETZ) Wiedereingliederungsprogramme entstanden. Die gesetzlichen Gesundheitskassen fördern die Wiedereingliederungen in Form einer Wiedereingliederungsteilzeit nach längerer Krankheit. Wiedereingliederungsmaßnahmen mit geringen Erfolgsaussichten können im Sinne von Fairness und Wertschätzung bereits frühzeitig durch eine (externe) individuelle Begleitung, wie Coaching, psychologische Betreuung, oder auch New-Placement-Maßnahmen unterstützt werden. Diese Art von Prävention beweist das soziale Verhalten einer Organisation und sendet einen wichtigen Impuls der Verantwortung nicht nur an Betroffene, sondern auch an die im Unternehmen verbleibenden Mitarbeiter. Diese vorausschauenden Maßnahmen können mögliche Trennungen für beide Seiten deutlich erleichtern.

5.5 Auszug von Gründen für eine außerordentliche Kündigung

Außerordentliche bzw. fristlose Kündigungen sind nur in besonders schwerwiegenden Fällen (§ 626 BGB in Deutschland, § 27 für Angestellte und § 26 für Arbeiter in der Österreichischen Gewerbeordnung) gerechtfertigt, wenn ein weiteres Bestehen des Arbeitsverhältnisses nicht mehr zumutbar ist, wie bspw. durch:

- Alkoholkonsum in Tätigkeiten die Gefahren für Dritte darstellen
- Besonders schwerwiegend Ausländerfeindlichkeit
- Annahmen von Bestechungsgeldern und unerlaubter Zuwendungen
- Beharrliche Arbeitsverweigerung
- Bewusste Beleidigung des Arbeitgebers
- Diebstahl von Firmeneigentum u. v. m.

Risiken von personellen Trennungen

Mit personellen Trennungen ist ein hohes Potenzial an Risiken verbunden. Die Folgewirkungen von Trennung werden in der Praxis gerne unterschätzt, da die Betrachtungsweisen nur selten ausreichend in die Zukunft reichen. Die Messbarkeit von Kosten ist nur bedingt und nicht immer unmittelbar gegeben. Die vier in diesem Kapitel ausgeführten Risiken sind aufgrund ihrer Häufigkeit gewählt und bilden einen überwiegenden Anteil von Risiken in diesem Zusammenhang ab.

Die ökonomischen Aspekte stehen i. d. R. im Mittelpunkt der Planungen von Trennungsprozessen. Im Sinne eines Überblicks sollte unabhängig von ungeplanten Folgekosten zwischen direkten (wahrgenommen) und indirekten (verdeckten) Kosten (vgl. Abb. 6.1) unterscheiden werden.

6.1 Kündigungsanfechtungen

Sie zählen zu den Top Five Verfahrensgründen im Arbeitsrecht. Heute wird davon ausgegangen, dass rund jede zehnte Kündigung arbeitsrechtliche Schritte zur Folge hat. Aus kalkulatorischer Sicht empfiehlt es sich diesen Umstand in der Kostenplanung zu berücksichtigen. In Planungen werden selten die möglichen Prozessgesamtkosten angesetzt, da Kündigungsanfechtungen (auch Wiedereinstellungsklagen) in vielen Fällen in Form von Vergleichen und Abgangsentschädigungszahlungen im Sinne einer Deeskalation aufgelöst werden. Die Risiken und Kosten solcher Prozesse sind erheblich. Verliert ein Arbeitgeber das Kündigungsanfechtungsverfahren, ist das Arbeitsverhältnis mit der klagenden Partei weiterzuführen.

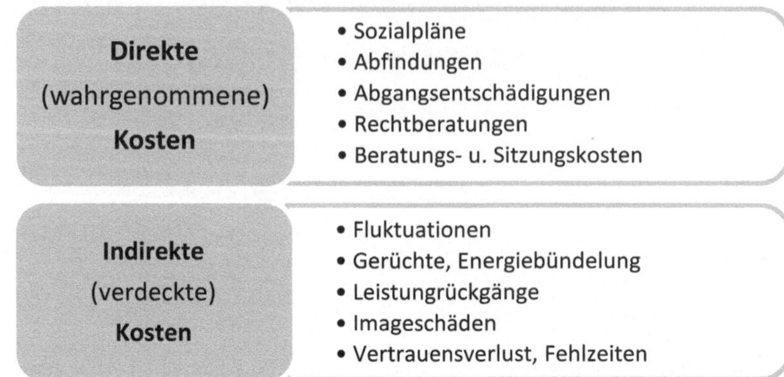

Abb. 6.1 Auszug von direkten und indirekten Kosten bei personellen Trennungen

Als Anfechtungsgründe gelten Sozialwidrigkeiten, verpönte Motive (Motiv-kündigung) und sonstige unzulässige Gründe wie bspw. Diskriminierung oder Behinderung.

Abgangsentschädigungen und die Kosten für Rechtsberatungen sind den direkten Kosten zuzuordnen. Jedoch können Folgekosten (verdeckte Kosten) durch Imageschäden, Gerüchte oder Energiebindung entstehen.

6.2   Reputationsschäden

Unternehmen sind Teil des öffentlichen Lebens. Personelle Veränderungen nehmen Einfluss auf die Außenwirkung von Organisationen. Die Folgewirkungen von personellen Trennungen betreffen nicht nur das Unternehmen und die Arbeitgebermarke, sondern auch freigesetzte und bleibende Mitarbeiter. In weiterer Folge auch Kunden und Investoren, sowie die Gesellschaft allgemein. Reputationsschäden und ihre verdeckten Kosten inkludieren Imageverlust und die Reduktion der Unternehmensattraktivität.

Reputationsschäden stehen im direkten Zusammenhang mit der formellen und informellen Kommunikation und sind meist nicht unmittelbar messbar. Bewertungsportale (bspw. Kununu, Glassdoor etc.) geben heute aktiven und auch ehemaligen Mitarbeitern die Möglichkeit, Unternehmen anonym zu bewerten. Die freie Zugänglichkeit der Bewertungen nimmt maßgeblichen Einfluss auf den

Wert der Arbeitgebermarke und auf Personalbeschaffungsprozesse und ist somit auch kurzfristig für Unternehmen deutlich spürbar.

Der Umstand des aktuell vorherrschenden Fachkräftemangels in der DACH Region fordert mit Nachdruck eine faire und wertschätzende Trennungskultur, um in Beschaffungsprozessen als Unternehmen nicht behindert zu werden. Irritationen hinsichtlich personeller Trennungen erleben in der Kommunikation eine hohe Dynamik und verbreiten sich aufgrund von häufigen Arbeitergeberwechseln in einer nicht zu unterschätzenden Geschwindigkeit.

Nach Struck et al. (2006) können faire und soziale Verhaltensweisen diese Risiken reduzieren und die Akzeptanz von Personalabbau steigern.

6.3   Leistungsrückgänge

In Folge innerbetrieblicher personeller Veränderungen sind vermehrt Leistungsrückgänge bei Mitarbeitern, die im Unternehmen verbleiben, zu beobachten. Die Gründe dafür sind vielfältig. Beispielsweise kann durch Verunsicherung oder Angst die Arbeitsleistung und der Arbeitswille negativ beeinflusst werden. Aber auch Gerüchte und der Vertrauensverlust in Unternehmen und Management kann Anlass für einen bewusst oder unbewusst initiierten Leistungsrückgang sein.

Die angeführten Umstände können unter den Sammelbegriffen Wertänderung oder Motivationswert (Commitment, Context und Retention) zusammengefasst werden. Leistungsrückgänge oder Produktivitätsverluste sind partiell messbar, die Begründung dafür ist aber nur mittels Mitarbeiterbefragungen zu verifizieren. Innovationsverlust, blockierte und verzögerte Produkteinführungen, fehlende Präsenz und Dynamik sind Faktoren, die dem Risiko von Leistungsrückgängen in Form von ungeplanten Folgekosten zu zuordnen sind, jedoch unmittelbar kaum validierbar sind.

Getrieben durch Personalabbau können Unternehmen mittels sozialer und fairer Haltung und detaillierter Planungen, sowie passender Kommunikationskonzepte eine Aufbruchsstimmung entstehen lassen. Nach Achouri (2015) ist eine Reduktion des Humankapitals durch personelle Trennungen daher auch nicht immer zwingend.

6.4   Fluktuationen

Personalabbau wirkt in vielen Fällen kontraproduktiv auf die Vertrauensverhältnisse zwischen Bleibenden, Management und Unternehmen. Entscheidend sind in
diesem Kontext Unternehmenswerte und der Grad der Enttäuschung. Die Trias
Trennen – Binden- Motivieren bekommt hier einen besonders hohen Stellenwert, um ungewollte Abgänge zu vermeiden. Schließlich sind die Bleibenden die
Leistungsträger der Zukunft. Gerade qualifizierte Mitarbeiter neigen zu einem
Unternehmenswechsel, wenn Vertrauensverhältnisse durch wenig soziale und
wenig faire Handlungsweisen in Trennungsprozessen Schaden nehmen.

Hier wird deutlich, dass eine Zweckehe zwischen Trennung und
Beschaffungsprozess besteht und das Pendel mehr oder weniger regelmäßig
auf beide Seiten ausschlägt. Nicht nur das Unterangebot an qualifizierten Mitarbeitern am Arbeitsmarkt macht es notwendig eine ungewollte Fluktuation zu
verhindern, sondern auch die hohen Kosten in Beschaffungsprozessen. Unter
Berücksichtigung von Personalbeschaffungs- und Schulungskosten sind meist
mehr als 10 % der Jahresbruttokosten (p. MA) in Planungen zu berücksichtigen.
Unternehmenserfolge können auch durch „Know-how-Verlust" gefährdet werden
(Wissenstransfer).

Entscheidungsfindung 7

Die Entscheidungsfindung, welche Mitarbeiter von einem Personalabbau betroffen sind, zählt nicht nur zu den unangenehmsten Managementaufgaben, sondern auch zu den anspruchsvollsten. Im Mittelpunkt der Entscheidungsfindung steht die Wahl der internen Vorgehensweise wie bspw. die Auswahl durch Punkteschemata.

Die Höhe der Akzeptanz aller direkten und indirekten Betroffenen ist Gradmesser einer guten Entscheidung. Grundlage dafür sind die Einstellungen, Motive und Wahrnehmungen der Gesellschaft. Die Gerechtigkeitsforschung (Psychologie und empirische Sozialforschung) bietet Ansätze und Hilfestellungen im Zuge der innerbetrieblichen Entscheidungsfindung.

7.1 Psychologischer-Vertrag

Ein Psychologischer-Vertrag wird mit dem Beginn einer Arbeitsbeziehung von beiden Seiten besiegelt und setzt Erwartungshaltungen, Handlungen und Verhaltensweisen voraus, die im Grunde nicht vollumfänglich festgehalten werden können. Vieles wird von Arbeitgebern und Arbeitnehmern implizit angenommen und verändert sich fortwährend im Zuge der Zusammenarbeit und basiert auf gegenseitigem Vertrauen.

Eine der tragenden Säulen stellt die Annahme der Verpflichtung zur Leistungsbereitschaft und den Ausgleich dafür durch den Arbeitgeber dar. Unabhängig davon führt eine Vertragsverletzung oder Bruch zu verändertem Verhalten. Weitverbreitete Veränderungen sind der Dienst nach Vorschrift, reduzierte Kooperationsbereitschaft oder Rückzug.

© Der/die Herausgeber bzw. der/die Autor(en), exklusiv lizenziert durch 27
Springer Fachmedien Wiesbaden GmbH, ein Teil von Springer Nature 2020
O. Heun-Lechner, *Kündigung,* essentials,
https://doi.org/10.1007/978-3-658-30429-4_7

Im Zuge eines Personalabbaus wird durch die Annahme, dass Arbeitgeber ein sehr hohes Bestreben haben den Arbeitsplatz abzusichern bzw. zu gewährleisten, die personelle Trennung als Vertragsbruch wahrgenommen. Nur durch glaubhafte, transparente und gut kommunizierte Vermeidungsmaßnahmen im Vorfeld kann das Management diesem Umstand partiell entgegenwirken. Auch wird ein Personalabbau, der externe Faktoren zum Anlass hat, als deutlich gerechter wahrgenommen, als eine geplante Gewinnsteigerung.

Je höher die wahrgenommene Gerechtigkeit ist, desto höher ist die Akzeptanz bei personellen Trennungen durch:

- Glaubhafte Vermeidung von Kündigungen
- Vorab geführte Mitarbeitergespräche bei Einzelkündigungen
- Frühzeitige Zielvereinbarungen und großzügige Zeitfenster bei Performance bedingten Trennungen
- Vorhergehende Unterstützung durch Aus- und Weiterbildung

7.2 Gerechtigkeitsprinzipien

Gerechtigkeitsprinzipien aus der Gerechtigkeitsforschung können Unternehmen dabei unterstützen, einen Personalabbau gerechter zu gestalten. Distributive Gerechtigkeitsprinzipien nehmen Bezug auf die Wahrnehmung gerechter Verteilung.

Beitragsprinzipien Verteilungen werden dann als gerecht wahrgenommen, wenn die geleisteten Beiträge der beteiligten Personen aus der Vergangenheit Berücksichtigung finden. Diese Beiträge stehen im Vergleich mit den Beiträgen anderer Mitarbeiter. Ein Gleichgewicht zwischen Beitrag und Ertrag wird als gerecht bzw. fair wahrgenommen. Personelle Trennungen könnten das Gleichgewicht verletzen, was wiederum zu Verhaltensveränderungen führen kann.

Bedarfsprinzipien Verteilungen nach Bedarf werden als gerecht empfunden, wenn sie auf die Bedürftigkeit der betroffenen Personen abgestimmt sind. Deshalb werden Trennungen, die Alleinerzieher, Alleinverdiener oder gering qualifizierte Kollegen betreffen meist als ungerecht wahrgenommen. Individuelle und faire Trennungspakete sind im Zusammenhang mit dieser Gruppe an Betroffenen unumgänglich, um den Grad der wahrgenommen Gerechtigkeit zu erhöhen. Bei Verletzung der rechtlichen Schutzbestimmungen können in diesem Zusammenhang schwierige arbeitsrechtliche Auseinandersetzungen die Folge sein.

Gleichheitsprinzipien Diesen Prinzipien nach sollten alle Betroffene ohne Berücksichtigung von Alter, Geschlecht, Herkunft, Bildung und Bedürftigkeit in gleichen Maßen behandelt werden. Im Zuge einer Personalreduzierung können diese Prinzipien verletzt werden, wenn aufgrund eines Kriteriums gekündigt wird und andere Kriterien nicht berücksichtigt worden sind. Unter Berücksichtigung dieser Prinzipien sind demnach auch Los Entscheidungen möglich.

Verantwortlichkeitsprinzipien Hier verzahnen sich Beitrags-, Bedarfs- und Gleichheitsprinzipien. Zum einen werden die individuellen Leistungen (Beiträge) berücksichtigt, aber auch externe Faktoren, die nicht abänderbar sind. Gerechte Verteilungen nach Verantwortlichkeitsprinzipien stehen verhältnismäßig zum geleisteten Beitrag und relativ zu den Möglichkeiten. Als gut verständliches Beispiel führt Hanschitz (2016) den geschlossenen Verzicht auf Bonuszahlungen für das Management an, um den entschiedenen Personalabbau gerechter wahrnehmen zu können.

Effizienzprinzipien Nach diesen Prinzipien können einzelne bei einer Vergabe bzw. Verteilung schlechter gestellt werden, wenn sich der Gesamtnutzen dadurch erhöht. Handlungsweisen von Effizienzprinzipien richten sich in die Zukunft und berücksichtigen den Nutzen für das (gesamte) Unternehmen. So werden in der Praxis auch hochqualifizierte Mitarbeiter bei Trennungen ausgenommen, obwohl andere Kriterien zu anderen Entscheidungen geführt hätten.

7.3   Prozedurale Prinzipien

Nicht nur die distributiven Gerechtigkeitsprinzipien beeinflussen einen Trennungsprozess im Sinne von Gerechtigkeit und sozialer Interaktion. Das Procedere einer Trennung ist ebenfalls ausschlagegebend, wie Trennungsentscheidungen angenommen werden. Die Art und Weise (Verfahren) von Entscheidungsfindungen und Umsetzungen werden auch durch die prozeduralen Gerechtigkeitsprinzipien beeinflusst.

Der **Konsistenzregel** nach unterstützen nachvollziehbare und länger gültige Verfahrensregeln die wahrgenommene Gerechtigkeit. Eine allgemeine Gültigkeit und anerkannte Verfahren (bspw. Senioritätsprinzipien) unterstützen diese Regel.

Die **Genauigkeitsregel** zielt auf die Einbeziehung von Informationen und Beteiligten ab. In diesem Zusammenhang werden Entscheidungsfindungen als gerechter angesehen, wenn Mitarbeiter und Arbeiternehmervertreter in Personalabbauprozesse integriert worden sind.

Die **Unvoreingenommenheitsregel** sieht den Ausschluss von Parteilichkeit, Eigeninteressen und bereits vorab festgelegten Entscheidungen vor. So kann ein persönlicher und gut kommunizierter Verzicht (bspw. Ausschüttungsverzicht oder Gehaltsreduktionen) des Managements im Zuge von einem Personalabbau die Gerechtigkeitswahrnehmung fördern.

Die Möglichkeiten nach einem Einspruch finden in der **Korrigierbarkeitsregel** Verwendung. Hier ist entscheidend, dass jene Personen, die von einer Einspruchsmöglichkeit Gebrauch machen, keinen persönlichen Nachteil dadurch erfahren. Eine übliche und verbreitete Möglichkeit für einen Einspruch ist meist der Weg über Arbeitnehmervertreter.

Wenn die Interessen und Einwände aller im Prozess Betroffenen und Beteiligten einfließen und dadurch Berücksichtigung finden können, entspricht das der **Repräsentativitätsregel** und verstärkt die wahrgenommene Gerechtigkeit der Belegschaft.

Die **ethische Rechtfertigbarkeit** umfasst die moralischen und ethischen Annahmen aller im Trennungsprozess Betroffenen und Beteiligten, sowie die Berücksichtigung sozialer Kriterien. Der Schutz von sozialbenachteiligten oder älteren Mitarbeitern ist Synonym dieser Regel.

Nach Leventhals Ansätzen hinsichtlich Fairness und sozialer Interaktion (1980) können ungerecht wahrgenommene Entscheidungen durch die Einhaltung von prozeduralen Prinzipien als gerecht angesehen werden. Bereits als gerecht wahrgenommene Entscheidungen können durch Einhaltung der prozeduralen Gerechtigkeitsprinzipien auch noch deutlich verstärkt werden.

Grundvoraussetzungen 8

Von der ersten Prozessphase an ist es nach Andrzejewski (2008) unabdingbar, dass alle Verantwortlichen gemeinsame Ziele verfolgen und auch bereit sind diese konsequent und nachhaltig umzusetzen. Das gilt unabhängig von Hierarchien und im speziellen zwischen Topmanagement und Umsetzenden. Als gewichtige Grundvoraussetzungen gelten:

- Allgemeine Einigkeit und Entschlossenheit
- Faire und wertschätzende Haltung aller Verantwortlichen
- Wille nach einvernehmlichen Lösungsansätzen
- Arbeitnehmervertretern mit Willen zur Steuerungspflicht
- Transparente Kommunikation über Sinn, Ausmaß und Zeitpunkt
- Konsequente inhaltliche und kulturelle Umsetzung durch Führungskräfte

Die Entschlossenheit aller Beteiligten die Trennung fair, wertschätzend und sozial nachhaltig zu vollziehen, ist existenziell für die Risikominderung möglicher Reputationsschäden. Die verschiedenen Grundhaltungen über die Art und Weise des Verfahrens sollten im Vorfeld abgeglichen werden. Da eine Unternehmensleitung tendenziell zu schnellen, leisen und kostengünstigen Umsetzungen neigt, während das Personalmanagement und Arbeitnehmervertreter eher eine Sozialverträglichkeit verfolgen, sollte bereits zu einem sehr frühen Zeitpunkt ein Konsens erreicht werden.

Obwohl die Trennungsabsicht, ausgesprochen durch Unternehmensvertreter, eine einseitige Willenserklärung ist, sollten im Sinne von Fairness und Wertschätzung gegenüber Betroffenen einvernehmliche Lösungsansätze verfolgt werden. Ein Einvernehmen über Modalitäten impliziert die Möglichkeit des Mitgestaltens und reduziert deutlich Risiken für beide Seiten.

© Der/die Herausgeber bzw. der/die Autor(en), exklusiv lizenziert durch Springer Fachmedien Wiesbaden GmbH, ein Teil von Springer Nature 2020
O. Heun-Lechner, *Kündigung*, essentials,
https://doi.org/10.1007/978-3-658-30429-4_8

Die Beschäftigungsförderung und die Sicherung von Arbeitsplätzen ist eine der wesentlichen Aufgaben von Arbeitnehmervertretern. Das uneingeschränkte Commitment zu Informations-, Steuerungs- und Kommunikationsfunktion ist darüber hinaus aber auch erforderlich, um im Sinne einer Sozialpartnerschaft im Trennungsmanagement Einigkeit zu signalisieren und um zeitliche Verzögerungen in der Umsetzung zu vermeiden.

Hinsichtlich Kommunikation sind nicht nur Eigenschaften wie Transparenz, Offenheit und Ehrlichkeit die wesentlichen Bausteine für eine solide Basis. Vielmehr sind es die Inhalte. Die maßgeblichen Faktoren sind die Information und Kommunikation über Sinn, Ausmaß und Zeitpunkt der personellen Trennungen. Diese Faktoren nähren die Nachvollziehbarkeit, das Einschätzungsvermögen, sowie Sicherheit hinsichtlich zeitlicher Abläufe.

Personelle Trennungen, die vom Topmanagement entschieden und die Umsetzungen an Führungskräfte delegiert werden, gelten wie Vieles andere auch als Handlungsanweisung. Diese heikle, wie auch ungeliebte Aufgabe erfordert jedoch inhaltlich und kulturell eine erhöhte und präzise auf den Prozess abgestimmte Umsetzung. Eine Abänderung oder ein erweiterter Interpretationsspielraum über Art und Weise des Verfahrens gefährdet eine faire und wertschätzende Trennungskultur. Führungskräfte sollten dahin gehend unterstützt, vorbereitet und das kulturelle Mindset verbindlich darauf abgestimmt werden.

Trennungsgespräche 9

Nach Malik (2014) ist ein Minimum an Manieren der entscheidende Faktor für eine faire und wertschätzende Trennung. Gemeint sind damit nicht Etikette und Protokoll im herkömmlichen Sinn. Sondern ein zivilisierter Umgang mit Menschen.

Trennungsgespräche sind das Herzstück im Trennungsprozess. Um Trennungsgespräche erfolgreich, fair und wertschätzend führen zu können, sollten nach Lieske (2020) drei wesentliche Faktoren Berücksichtigung finden (vgl. Abb. 9.1). Die Vorbereitung hinsichtlich der Individualität von Betroffenen, die Gesprächsführung selbst, unabhängig von persönlichen Emotionen und die Wertschätzung gegenüber Betroffenen durch Wahrnehmung von Bedürfnissen und Gefühlen.

Dieses Kapitel gliedert sich in die beiden aufbauenden Abschnitte: Vorbereitung und Gesprächsführung.

9.1 Vorbereitung

Eine entsprechende Vorbereitung für die Übermittlung dieser schwerwiegenden Botschaft sollte obligat sein. Da nur in wenigen Unternehmen Kündigenden Leitfäden o. ä. für Trennungen zur Verfügung stehen, sind Trennungs-Coachings durch externe Berater, interne Trainings oder ein Informationsaustausch mit erfahrenen Kollegen gängige Vorbereitungsoptionen. Unvorbereitet in Trennungsgespräche zu gehen wäre eine Verletzung der Verantwortung gegenüber Betroffenen und Organisation. Gleichzeitig besteht seitens der Organisation eine Verantwortung gegenüber den Ausführenden, denn eine adäquate Vorbereitung impliziert auch kündigende Personen selbst.

© Der/die Herausgeber bzw. der/die Autor(en), exklusiv lizenziert durch Springer Fachmedien Wiesbaden GmbH, ein Teil von Springer Nature 2020
O. Heun-Lechner, *Kündigung*, essentials,
https://doi.org/10.1007/978-3-658-30429-4_9

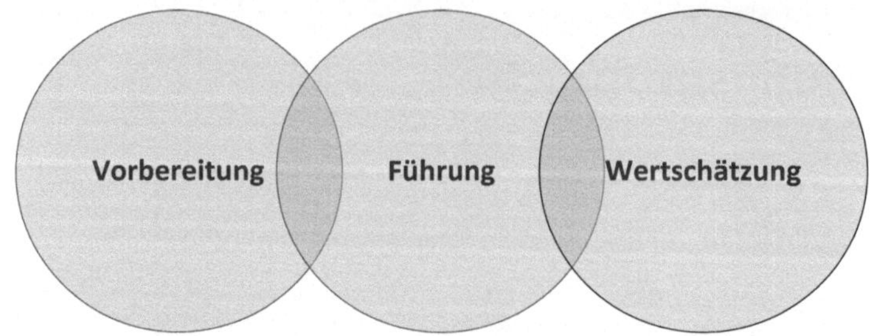

Abb. 9.1 Faktoren für ein erfolgreiches Trennungsgespräch

Ähnlich den Prozessvorbereitungen sollten auch Trennungsgespräche individuell vorbereitet werden. Das gilt unabhängig von den Gründen, weshalb Mitarbeiter aus Organisationen ausscheiden müssen. Wirtschaftliche und somit vermeintlich leichter nachvollziehbare Trennungsgründe verleiten Kündigende eher dazu, die Bedürfnisse der Betroffenen im Gespräch weniger zu berücksichtigen.

Jeder einzelne Schritt im Prozess löst Konsequenzen aus, daher ist in dieser Phase auch die Planung jedes einzelnen möglichen Schrittes erforderlich. Die Konsequenzen aus Ablehnung und Zusage verändern den Fahrplan einer Trennung. Nach Andrzejewski (2008) sind die möglichen Varianten der Abfolge, ähnlich einem Netzwerkplan, vorab festzulegen.

Betroffene in den Mittelpunkt

Es ist in der Vorbereitung erforderlich, den betroffen Mitarbeiter in den Mittelpunkt zu stellen. Das bedeutet in diesem Zusammenhang, sich mit dieser Person auseinander zu setzen. Das Wissen über individuelle Situationen und Bedürfnisse schafft eine Basis für eine faire und wertschätzende Gesprächsführung. Ist dem Kündigenden der betroffene Mitarbeiter gut bekannt, sollten in einer strukturierten Vorbereitung,

- Persönliche Situationen
- Berufliche Situationen
- Finanzielle Situationen

analysiert werden. Erst dann werden mögliche psychologische Reaktionen einschätzbar.

Die Analyse der persönlichen Situation der Betroffenen wird dem Kündigenden Aufschluss geben, ob eine diesbezügliche Vorbereitung alleine möglich ist, oder ob jemand hinzugezogen werden sollte. Neben den gegebenen Informationen wie die Betriebszugehörigkeit sind vor allem persönliche Lebensumstände und mögliche Schicksalsschläge zu beachten. Im Sinne einer wertschätzenden Trennung sollte den Erfolgen und den geleisteten Beiträgen ein besonderes Augenmerk geschenkt werden. Auch ein Schlaglicht auf private Interessen kann in der Vorbereitung mögliche Folgewirkungen erkennen lassen. In Form einer Art Wechselspiel, können kurze und wiederholte Evaluierungen, weshalb sich das Unternehmen genau von diesem Mitarbeiter trennt, ein hilfreiches Vorbereitungs-Tool für Kündigende sein.

Die berufliche Situation sollte angesichts der Bindung an Unternehmen und Arbeitsplatz analysiert werden. Unter anderem ist die Stärke der Bindung ein entscheidender Faktor, der Aufschluss über das Ausmaß des Arbeitsplatzverlustes geben kann. Ähnlich verhält es sich mit der Team-Zugehörigkeit bzw. dem kollegialen Umfeld. Besonders schwerwiegend kann sich der Arbeitsplatzverlust auswirken, wenn der Beruf die zentrale Rolle im Leben von Betroffenen eingenommen hat. Aber auch die Flexibilität und Mobilität und der realistische Marktwert von Betroffenen sind jene Faktoren, die in der Vorbereitung einen gewichtigen Anteil haben sollten.

Ein Arbeitsplatzverlust hat in vielen Fällen existenziellen Charakter, nicht nur für den Betroffenen selbst, sondern auch für sein Umfeld. Die Antwort auf die Folgen, wie sich diese schwerwiegende Veränderung auf den Lebendstandard der Betroffenen auswirken kann, erfordert auch Kenntnis über die finanzielle Situation. Größere Finanzierungen, aber auch Zahlungsverpflichtungen wie Unterhalt oder Pflege von Angehörigen sollten bekannt sein, um ein respektvolles und entsprechendes Verhalten in den Gesprächen gewährleisten zu können. Reaktionen auf Abfindungsvorschläge werden durch diese Situationsanalyse meist leichter einschätzbar.

Antworten auf die Vielzahl von möglichen Effekten sollten im Vorfeld gesammelt werden. Kündigende sollte in der Lage sein, auf den überwiegenden Teil von aufkommenden Fragen antworten zu können, um den Erfolg eines fairen Trennungsgesprächs nicht zu gefährden.

Die Reaktionen und die Wertehaltung jener Personen, die Trennungsgespräche aktiv führen, haben großen Einfluss auf Verlauf und Ausgang dieser Gespräche. Die persönlichen Werte der Kündigenden und ihre Haltung sollten daher in der Vorbereitungsphase reflektiert werden. Die Reaktionen der Kündigenden nehmen schnell und starken Einfluss auf den Gesprächsverlauf und sind selten zu korrigieren. Selbst wenn Kündigende diesbezüglich hoch erfahren sind, ist eine kritische Vorbereitung gerade hier erforderlich, da das reaktive Verhalten nicht nur auf den unmittelbaren Reiz im Trennungsgespräch folgt, sondern auch von vergangenen Stimuli beeinflusst wird. Die möglichen Verhaltensweisen von Betroffenen in Trennungsgesprächen sind mannigfaltig, wie die Personen selbst. Daher sind Kündigende dringend angehalten, sich ihrer eigenen Reaktionen bewusst zu werden, wenn die Betroffenen beispielsweise in Tränen ausbrechen, den Raum verlassen, den Kündigenden beschimpfen oder gar körperlich zu drohen beginnen. Deeskalationsbemühungen und ein fairer und wertschätzender Umgang bedingt gute Vorbereitung. Zufälligkeiten und ein hohes Maß an Improvisation können Trennungsgespräche inhaltlich gefährden und auch in eine ethische Schieflage bringen.

Hinsichtlich Vorbereitung und Leitfaden bietet sich die Trias nach Lieske (2020) in der Abb. 9.2 an: Konkrete Ziele und klare Strategien, geplante Abläufe und klare Strukturen und erarbeitete Antworten auf mögliche Effekte.

Das Trennungs-Setting

Das Setting von Trennungsgesprächen ist ein wesentlicher Aspekt. Die Verantwortung diese Gespräche wertschätzend zu führen und den Selbstwert und die Würde der Betroffenen so weit wie möglich zu schützen, liegt in den Händen der Organisation, vertreten durch den Kündigenden. Die Antworten auf die fünf zentralen Fragen nehmen grundlegenden Einfluss auf Wirkung und Folge von Trennungsgesprächen.

- Wer führt das Trennungsgespräch?
- Wo wird das Gespräch geführt?
- Wann wird das Gespräch geführt?
- Wie soll das Gespräch angekündigt werden und wie lange soll das Gespräch dauern?
- Was folgt dem Gespräch?

Abb. 9.2 Die Trias der Vorbereitung auf Trennungsgespräche

Wer führt das Trennungsgespräch? Trennungsgespräche werden vom direkten Vorgesetzten (bzw. vom ersten Ansprechpartner oder Bezugsperson in betrieblichen Belangen) geführt und sollten nicht (bspw. an HR-Verantwortliche) delegiert werden. Das Delegieren an Dritte widerspricht einem wertschätzenden Ansatz. Die Gesprächsgruppe sollte so klein wie möglich gehalten werden. Jedoch ist das Hinzuziehen dritter Personen zu empfehlen, um im Gespräch verschiedene Rollen einnehmen zu können. So kann eine dritte Person beruhigend einwirken und als Beobachter agieren, ob Betroffene die Trennungsnachricht aufgenommen haben. Aber auch aus Gründen der Rechtssicherheit (Gleichbehandlungsgesetzt) kann die Erweiterung der Gruppe sinnhaft sein.

Als dritte Person finden vorzugsweise Mitarbeiter aus dem Personalmanagements oder aus der Arbeitnehmervertretung hier ihren Einsatz. Mitarbeiter des Personalmanagements können i. d. R. auch Fragen zu Trennungsmodalitäten und rechtlichen Themen beantworten.

Wo wird das Gespräch geführt? Wie wichtig die Wahl der Räumlichkeiten ist, wird von erfahrenen Personalisten und Führungskräften bestätigt. Die Grundanforderungen an Ruhe und Vertraulichkeit sollte selbstverständlich sein, wobei sich die Umsetzung dieser Anforderungen in der Praxis durchaus schwierig gestalten kann. Die Wertschätzung bedingt in diesem Punkt dafür Sorge zu tragen, dass Betroffene mit Würde behandelt werden und ihr Gesicht wahren können und Emotionalität unter Ausschluss anderer stattfinden kann. Das impliziert auch, dass Betroffene die Räumlichkeiten nicht coram publico betreten und verlassen müssen. Für Betroffene bereits vertraute Räumlichkeiten sollten in der Auswahl gegenüber neutralen Räumlichkeiten bevorzugt werden. So ist bei der Wahl des Ortes ebenfalls ein Maß an individueller Anpassung geboten.

Wann wird das Gespräch geführt? Der Grund weshalb der Wahl des Termins eine hohe Bedeutung zugemessen wird, begründet sich durch die Fürsorgepflicht gegenüber Betroffenen. Der Fokus der Terminwahl liegt nicht ausschließlich auf jenem Zeitpunkt an dem die Trennungsabsicht ausgesprochen wird, sondern in ähnlichem Maß auch auf den Zeitfenstern die darauf folgen. Denn es sollten Sicherheitsaspekte für die Heimfahrt und die Obsorge (ggf. durch Auffanggespräche) für die Stunden und Tage nach der Trennung berücksichtigt werden. Aus statistischer Sicht werden Trennungsabsichten meist dienstags und mittwochs kommuniziert, um Folgegespräche noch in derselben Woche vereinbaren zu können, aber auch um Betroffenen die Möglichkeit zu geben, sich mit Beratern oder Betriebsräten auszutauschen. Trennungen knapp vor Wochenenden oder gar Urlauben sind wenig wertschätzend und bergen aufgrund mangelnder

Obsorge und Kommunikationsmöglichkeiten ein Maß an Risiken für Betroffene und Organisation.

Wie soll das Gespräch angekündigt werden? Wie lange soll das Gespräch dauern? Darüber, wie diese Art von Gesprächsterminen angekündigt werden sollten, herrscht in der Literatur Uneinigkeit und in der Praxis wird darüber kontrovers diskutiert. Zwei verschiedene Herangehensweisen gelten als üblich. Zum einen eine kurzfristige Terminvereinbarung mit einem maximalen Vorlauf von 24 h, um das Zeitfenster für Betroffene hinsichtlich Befürchtungen und Ängste bewusst klein zu halten. Hier sollte den Fragen der Betroffenen nach konkreten Inhalten konsequent ausgewichen werden (Beispielhafte Begründungen: Persönlicher Austausch, Information oder vertrauliche Angelegenheit). Anderseits kann auch ein bereits vereinbarter Termin (Bsp.: Wochen- oder Monatsmeeting) dafür genutzt werden. Beide Varianten sind aufgrund der vorenthaltenen Inhalte moralisch fraglich, haben aber ausschließlich den Nutzen im Blinkpunkt, Betroffene nicht unnötig im Vorfeld zu irritieren und zu verängstigen.

Über die Länge von rund 20 min für das (erste) Trennungsgespräch sind sich viele Autoren, Personalisten und Führungskräfte im Grunde einig, da in einem fairen und wertschätzenden Trennungsprozess Folgegespräche vereinbart werden. Trotz der verhältnismäßig kurzen Gesprächsdauer sollte von Kündigenden ein Zeitfenster von zumindest 90 min geblockt werden.

Was folgt dem Gespräch? Der Arbeitsplatzverlust ist ein schwerwiegender Einschnitt im Leben und kann eine Wirkung auf Betroffene haben, die mit dem Verlust des Partners oder auch dem Verlust des eigenen Zuhauses gleich zu setzten ist. Daher sind auch Vorkehrungen für unterschiedliche Reaktionen im Sinne einer Krisenprävention zu treffen. Starke emotionale Reaktionen machen mitunter Auffanggespräche durch Personen mit einer psychologischen Expertise erforderlich. Ziel von Auffanggesprächen ist eine Unterstützung für Betroffene, um den Trennungsschock besser verarbeiten zu können. Im Sinne von Sicherheitsaspekten geben Auffanggespräche auch Aufschluss darüber, wie Personen mit der Trennung zu Recht kommen. Diese Gespräche sollten im Zuge des Trennungsgesprächs angeboten werden und sollten zeitnah stattfinden. Selbiges hat auch Gültigkeit für Folgegespräche, in denen vertieft über die Trennung gesprochen werden kann und Modalitäten für den Ausstieg (Abfindungspakete) geklärt werden können.

9.2 Trennungsgespräche

Unabhängig von der tatsächlichen Gesprächsdauer unterteilt sich ein gut vorbereitetes Trennungsgespräch in 3 Phasen (vgl. Abb. 9.3). In die Übermittlung der Trennungsnachricht, in das Auffangen von Betroffenen, sowie in das Suchen nach Lösungsansätzen bzw. in die Klärung der weiteren Vorgehensweise.

Nachricht Die Sprache und die „Ich-Form" nehmen in Trennungsgesprächen eine zentrale Rolle ein. Formulierungen sollten im Sinne von Achtsamkeit und doch unmissverständlicher Aussage mit großem Bedacht gewählt werden. Die Trennungsnachricht sollte so klar, deutlich und gut verständlich überbracht werden, sodass keinerlei Zweifel mehr an der Eindeutigkeit dieser Entscheidung besteht. Die Gesprächseröffnung lässt in diesem Zusammenhang kaum Raum für eine übliche Einleitung und Höflichkeiten zu. Ein unvermittelter Einstieg in das Trennungsgespräch und die Übermittlung der Nachricht in den ersten 5 Sätzen sollten nach Andrzejewski (2008) vorab geübt, gesprochen und schriftlich notiert werden.

Klare Satzkonzepte:

Ich beende unsere Zusammenarbeit mit Ihnen und Einhaltung der Fristen!
Ich kündige heute das Dienstverhältnis mit Ihnen!

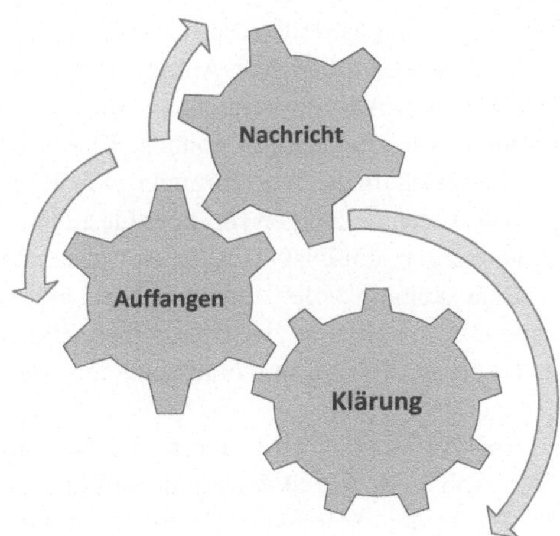

Abb. 9.3 Die 3 Phasen von Trennungsgesprächen

Unklare Satzkonzepte:

Wir wollen Ihnen heute mitteilen, dass wir beabsichtigen uns von Ihnen zu trennen!
Wir möchten Sie jetzt informieren, dass wir uns von Ihnen trennen wollen!

Durch die Übermittlung der Trennungsnachricht kann es möglich sein, dass Betroffene nicht in der Lage sind weiter Informationen im Detail aufzunehmen bzw. zu verarbeiten. Dennoch ist es in diesem Zusammenhang erforderlich, die vorangegangenen Entscheidungswege und die Prüfung möglicher Alternativen zu erläutern. Auch die Information, wer in diese Entscheidungsfindung eingebunden war und wer über dieses Gespräch in Kenntnis ist, sollte in dieser Phase kommuniziert werden. Um der Trennungsentscheidung eine Unwiderruflichkeit zu verleihen, sollte auch die Zustimmung der Unternehmensleitung erwähnt werden. Selbiges gilt für die Trennungsbegründung (Kap. 5) und auch für rechtliche Grundlagen.

Die Wirkung der eigenen Körpersprache sollte von Kündigenden nicht außer Acht gelassen werden, da Mimik und Gestik großen Anteil an der Informationsaufnahme haben.

Auffangen Die Reaktionen von Betroffenen auf Trennungen sind durch eine gute Vorbereitung besser einschätzbar, aber nur selten wirklich vorhersehbar. Das Spektrum reicht von Gelassenheit bis hin zu emotionalen Wutausbrüchen.

Die Emotionalität hinsichtlich Wut, Enttäuschung oder Verzweiflung bringt Reaktionen mit sich, die Kündigende zu Aktivitäten verleiten. Lieske (2020) empfiehlt Kündigenden gerade diese Momente ohne Kommentare, ohne Wertungen und Mitleidszuspruch einfach auszuhalten.

Kündigende sollten von Anfang an sehr bewusst und rigide einen emotionalen (Sicherheit-) Abstand einhalten, um mit Angriffen auf die eigene Person professionell umgehen zu können. Eine kontrollierte eigene Körpersprache und die Bereitschaft die Ausführungen von Betroffenen nicht zu unterbrechen, sind probate Voraussetzungen für diese Gesprächsphase. Es sollte an dieser Stelle alles getan werden, um Diskussionen zu vermeiden.

Eine achtungsvolle und wertschätzende innere Haltung, sowie die gedankliche Differenzierung zwischen Arbeitnehmer und Mensch bzw. zwischen Sache und Person sind Grundvoraussetzungen für ein gut und erfolgreich geführtes Trennungsgespräch.

Ein Auffangen wird durch die Vermittlung von Wertschätzung möglich (vgl. Abb. 9.4). Ein aktives und einfühlsames Zuhören ist eine solide Basis für die Phase des Auffangens. Betroffenen fällt es in diesen Ausnahmesituationen

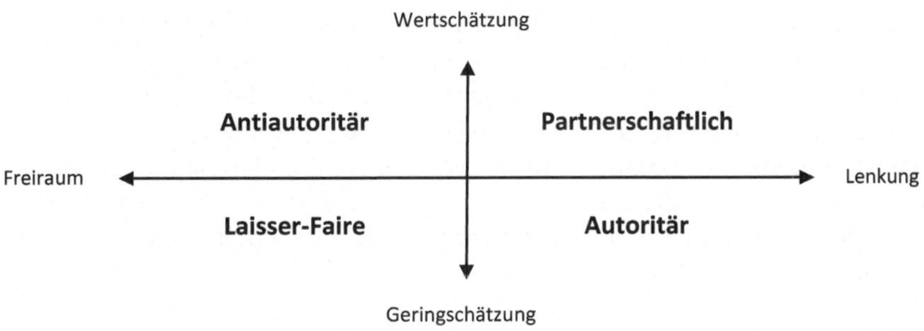

Abb. 9.4 Wertschätzung in Trennungsgesprächen nach Weisbach (2001)

schwer, zwischen der eigenen Person und der Arbeitsstelle zu unterscheiden. Dieser Umstand gibt Kündigenden Raum und die Möglichkeit im Dialog zu differenzieren und gezielt Anerkennungen (Wertschätzung) zu platzieren. Dadurch kann die Wahrung des Selbstwertes und der Selbstachtung der Betroffenen erreicht werden.

Als gut verständliches Beispiel dafür gilt der Umgang mit einer häufig gestellten Frage: **Warum gerade ich?** Im Zusammenhang mit einer betriebsbedingten Kündigung kann bspw. der Person Anerkennung für Leistung, Erfolg und gute Zusammenarbeit zugesprochen werden. Die Beweggründe für die Trennung und die Entscheidungsgrundlagen nehmen aber Bezug auf die Stelle und grenzen sich von der Person in Folge klar ab.

Die Körpersprache der Betroffenen kann Kündigenden auch Aufschluss darüber geben, auf welche Bedürfnisse eingegangen werden sollte. Die vier Grundinstinkte Angriff, Flucht, Schutz und Unterwerfung sind häufig in Trennungsgesprächen zu beobachten und sollten hinsichtlich Reiz und Reaktion von Kündigenden berücksichtigt werden. So könnten Trennungsgespräche eskalieren, wenn auf Angriffsreaktionen mit lauter Stimme reagiert wird, oder wenn auf Reaktionen die auf ein Fluchtbedürfnis schließen lassen, einengende Handlungen folgen.

Die Tandempartner im Trennungsgespräch, wie Mitarbeiter des Personalmanagements oder Arbeitnehmervertreter, können die Gesprächsführung unter Berücksichtigung der vorab vereinbarten Rollen temporär auch übernehmen.

Unabhängig davon, ob Betroffene bereits in dieser Phase ihre Fassung wieder erlangt haben oder noch unter Schocks stehen, sollte die weitere Vorgehensweise besprochen und verbindliche Folgetermine vereinbart werden. Das Trennungsgespräch ist beendet, wenn alle relevanten Informationen weitergegeben worden sind und durch Nachfragen sichergestellt wurde, dass die Trennungsnachricht aufgenommen worden bzw. aus rechtlicher Sicht durch die Unterschrift bestätigt worden ist. Alternativ kann diese Bestätigung durch das Beisein der Tandempartner bekundet, oder der Akt der Unterfertigung im Folgetermin (Klärung) nachgeholt werden. Die Planung des Gesprächsendes ist eine Präventivmaßnahme um Diskussionen zu vermeiden. Aus der Verantwortung gegenüber Betroffenen sollte dafür gesorgt werden, dass Betroffene ihren Heimweg sicher gestalten.

Klärung Ungeachtet dessen, ob die Klärung der Modalitäten und der weiteren Vorgehensweise im direkten Anschluss stattfindet oder in einem Folgetermin zu einem späteres Zeitpunkt, sollten alle rationalen Bedürfnisse beider Seiten geklärt und soweit wie möglich dafür probate Lösungen gefunden werden. In dieser dritten Phase sollten alle Formalitäten ihren Abschluss finden. Die Schriftform dafür sollte obligat sein.

Trennungspakete stehen in den meisten Fällen im Mittelpunkt dieser Klärungsphase. Wobei nicht nur ökonomische Entscheidungen dafür relevant sind. Sich kostengünstig trennen zu wollen, ist aus wirtschaftlicher Sicht verpflichtend und legitim. Um Reputationsschäden und arbeitsrechtliche Auseinandersetzungen bestmöglich zu vermeiden, sollten Trennungspakte aber human, fair und monetär angemessen gestaltet sein.

Es besteht eine Informations- bzw. Aufklärungspflicht über arbeits- und steuerrechtliche Konsequenzen gegenüber Betroffenen. Mögliche Sperrfristen für den Bezug von Arbeitslosengeldern sollten erörtert werden, da bspw. eine Unterschreitung der Kündigungsfristen darauf Einfluss nimmt.

Trennungspakete haben neben der Höhe der finanziellen Leistungen (Abgangsentschädigungen, Abfindungszahlungen etc.) auch Klärungsbedarf in Bezug auf Freistellungen, Kündigungsfristen und dem Umgang mit bereits geleisteten Überstunden, Urlaubstagen, Boni und Prämien. Aber auch der Umgang mit Firmendaten, die Nutzung von E-Mail-Accounts, Mobiltelefonen, Laptops und Firmenfahrzeugen sollte darin Berücksichtigung finden. Bei Bedarf sind die Übergabe von Projekten, Wissenstransfer oder auch erforderlichen Einschulungsmaßnahmen Teil von Trennungsvereinbarungen.

Ein deutliches Entgegenkommen und ein Signal der Wertschätzung sind in diesem Zusammenhang Angebote für Coachings und New-Placement-Beratungen, sowie die Bereitschaft des Vorgesetzten als Referenzgeber zur Verfügung zu stehen. In der Praxis oft vernachlässigt, aber für Betroffene meist emotional äußerst wichtige Themen sind das Verabschiedungsprozedere von Kollegen. Eine Verabschiedung von Kollegen in einem angemessenen Rahmen ermöglicht nach Hanschitz (2016) Würdigung und Anerkennung durch Führungskräfte und Kollegen, unabhängig von den in der Vergangenheit erbrachten Leistungen. Eine Verabschiedung erleichtert meist die Aufarbeitung und wirkt auch weiterführend auf Bleibende. Einem möglichen internen Leistungsabfall kann dadurch entgegenwirkt werden.

Es ist keine Seltenheit, wenn die finale Klärung einen zweiten oder gar dritten Folgetermin erfordert. Eine gute Vorbereitung hat bereits davor die quantitative Obergrenze von Folgeterminen festgelegt.

Informationspolitik 10

Der Informationspolitik wird in vielen Fällen seitens der Organisation weniger Bedeutung zu gemessen, als es die Sichtweise von Betroffenen erfordert. Die Sprachregelung in der Informationspolitik ist ein wesentlicher, aber gern übersehener Punkt bei Trennungen.

Was – wer – wann? Inhaltlich hat eine diesbezügliche Information zwei wesentliche Punkt zum Inhalt. Zum einen den Umstand, dass ein (Trennungs-)Gespräch stattgefunden hat, zum anderen dass diese Person das Unternehmen zu einem bestimmten Zeitpunkt verlässt.

Ähnlich der Verabschiedung verhält es sich mit der Sprachregelung in der Kommunikation. In vielen Fällen werden Inhalte mit Betroffenen im Detail abgestimmt, um einen etwaigen Gesichtsverlust zu vermeiden und die Würde von Betroffenen zu schützen. Die Abstimmung fördert die Konstruktivität und erhöht nach Andrzejewski und Refisch (2015) auch die Wahrscheinlichkeit einer einvernehmlichen guten Lösung mittels Aufhebungsvertrag. Nach einem ersten Gespräch (Trennungsnachricht) ist eine detaillierte Information in nur wenigen Fällen umsetzbar, da definitive Austrittstermine zu diesem Zeitpunkt nur selten feststehen.

Mutmaßungen und Gerüchte verbreiten sich bekannterweise relativ schnell in Unternehmen. Daher bekommt die Sprachregelung ab dem Zeitpunkt eine große Bedeutung, sobald das erste Gespräch geführt wurde und Beteiligte den Raum verlassen. Eine einvernehmliche Sprachregelung ist daher dringend erforderlich, um eigene Mitarbeiter, Kollegen und bei Bedarf auch Kunden nach dem Trennungsgespräch informieren zu können. Die Möglichkeit der Mitgestaltung ist nicht nur fair und wertschätzend gegenüber den Betroffenen, sondern kann auch

© Der/die Herausgeber bzw. der/die Autor(en), exklusiv lizenziert durch Springer Fachmedien Wiesbaden GmbH, ein Teil von Springer Nature 2020
O. Heun-Lechner, *Kündigung,* essentials,
https://doi.org/10.1007/978-3-658-30429-4_10

positiven Einfluss auf das zukünftige Vertrauensverhältnis zwischen Bleibenden und dem Unternehmen nehmen. Die Mitgestaltung der Sprachregelung kann auch soweit gehen, dass in der Information die Trennungsabsicht dem Betroffenen zugeordnet wird, um Würde und Ansehen nicht zu gefährden.

Alternativ werden in der Praxis auch parallel bzw. zeitgleich zu den Trennungsgesprächen relevante Gruppen informiert.

Hinsichtlich Informationspolitik und Sprachregelung fasst Andrzejewski (2008) wie folgt zusammen und sollte in der Praxis meines Erachtens nach auch als klare Empfehlung gelten:

▶ **Förderlich** für Betroffene, **stimmig** für Bleibende und **wahrhaftig** im Sinne der Unternehmenskultur!

Was Sie aus diesem *essential* mitnehmen können

- Die Entschlossenheit aller Beteiligten die Trennung fair, wertschätzend und sozial nachhaltig zu vollziehen, ist existenziell für die Risikominderung.
- Eine soziale, faire und nachhaltig unternehmerische Grundhaltung bei Trennungen wirkt auf die Organisationsentwicklung und auf die Außenwirkung des Unternehmens.
- Die soziale Verantwortung gegenüber Betroffenen und Bleibenden endet nicht am Tag der Trennung.
- Eine Beendete Arbeitsbeziehung wirkt weiterführend auf den Unternehmenserfolg.
- Unternehmenswerte bekommen in der Trennungsphase einen besonders hohen Stellenwert.
- Innerbetriebliche Leistungen wie Personalbeschaffung, Entwicklung und Bindung werden von personellen Trennungen beeinflusst.
- Das Trennungsmanagement ist dem Verantwortungsbereich der Organisationsentwicklung zuzuordnen.
- Ein erfolgreiches Trennungsmanagement bedarf einer akribischen Planung des gesamten Trennungsprozesses.
- Möglichst faire Entscheidungen und eine wertschätzende Haltung im Trennungsmanagement sind Teil der gesellschaftlichen Verantwortung von Unternehmen (CRS).
- Die Akzeptanz von Personalabbau steigt signifikant durch Unterstützungsangebote an Betroffene.
- Mit personellen Trennungen ist ein hohes Potenzial an Risiken verbunden.
- Die Folgewirkungen von Trennung werden in der Praxis gerne unterschätzt, da die Betrachtungsweisen nur selten ausreichend in die Zukunft reichen.

O. Heun-Lechner, *Kündigung*, essentials,
https://doi.org/10.1007/978-3-658-30429-4

- Reputationsschäden, Kündigungsanfechtungen, Leistungsrückgänge und Fluktuationen sind die Hauptrisiken bei personellen Trennungen.
- Die Gerechtigkeitsforschung bietet Ansätze und Hilfestellungen im Zuge der innerbetrieblichen Entscheidungsfindung hinsichtlich einem Personalabbau.
- Je höher die wahrgenommene Gerechtigkeit ist, desto höher ist die Akzeptanz bei personellen Trennungen.
- Vorbereitung, Führung und Wertschätzung sind drei Faktoren für ein erfolgreiches Trennungsgespräch.
- Jeder einzelne Schritt im Trennungsprozess löst Konsequenzen aus, daher ist in der Planung jeder mögliche Schritte und jede mögliche Konsequenz zu berücksichtigen.
- Das Wissen über individuelle Situationen und Bedürfnisse schafft eine Basis für eine faire und wertschätzende Gesprächsführung.
- Die Trias der Trennungsgesprächsvorbereitung: Konkrete Ziele und klare Strategien, geplante Abläufe und klare Strukturen, Antworten auf mögliche Effekte
- Wie ein faires und wertschätzendes Trennungsgespräch geführt werden kann.
- Kenntnis über die 3 existenziellen Phasen von Trennungsgesprächen.
- Kündigende sollten von Anfang an sehr bewusst und rigide einen emotionalen Abstand einhalten, um mit Angriffen auf die eigene Person in Trennungsgesprächen professionell umgehen zu können.
- Die gedankliche Differenzierung zwischen Arbeitnehmer und Mensch bzw. Sache und Person sind Grundvoraussetzungen für ein gut und erfolgreich geführtes Trennungsgespräch.
- Ein Auffangen im Trennungsgespräch wird durch die Vermittlung von Wertschätzung möglich.
- Es besteht für Kündigende eine Informations- bzw. Aufklärungspflicht über arbeits- und steuerrechtliche Konsequenzen gegenüber Betroffenen.
- Die Möglichkeit einer Verabschiedung von Kollegen in einem angemessenen Rahmen ermöglicht Würdigung und Anerkennung durch Führungskräfte und Kollegen, unabhängig von den in der Vergangenheit erbrachten Leistungen.
- Die Sprachregelung in der Informationspolitik ein wesentlicher, aber gern übersehener Punkt bei Trennungen.
- Eine gute Informationspolitik sollte für Betroffene förderlich, für Bleibende stimmig und im Sinne der Unternehmenskultur wahrhaftig sein.

Literatur

Achouri, C. (2015). *Human resources management*. Wiesbaden: Springer.

Andrzejewski, L. (2008). *Trennungs-Kultur und Mitarbeiterbindung, Kündigungen fair und nachhaltig gestalten*. Köln: Wolters Kluwer.

Andrzejewski, R. (2015). *Trennungs-Kultur und Mitarbeiterbindung, Kündigungen, Aufhebungen, Versetzungen fair und effizient gestalten*. Köln: Wolters Kluwer.

Berthel, B. (2017). *Personalmanagement, Grundzüge für Konzeptionen betrieblicher Personalarbeit*. Stuttgart: Schäfer-Poeschel.

Boenig, J. (2015). *Outplacementberatung. Ein Instrumentarium der modernen Personalarbeit*. Wiesbaden: Springer.

Hanschitz, M. (2016). *Menschen fair behandeln. Professionelles Trennungsmanagement & New/Outplacement*. Wien: Morawa.

Johnson, J. (1995). Social Interdependence. In B. B. Bunker & Tubin (Hrsg.), *Conflict, cooperation and justice*. Wiesbaden: Springer.

Kienbaum Studie Trennungsmanagement 4.0. (2016). Themen, trends und best practices. https://assets.kienbaum.com/downloads/Trennungsmanagement-4.0_Kienbaum-Studie_2016.pdf?mtime=20161102113535.

Lieske, J. (2020). *Trennungsgespräche professionell führen*. Offenbach: Gabal.

Luhmann, N. (2014). *Vertrauen: Ein Mechanismus der Reduktion sozialer Komplexität*. Konstanz: UVK.

Malik, F. (2014). *Führen Leisten. Leben Wirksames Management für eine neue Welt*. Frankfurt: Campus.

Meyer, C. (2009). *Die faire Kündigung: Erfahrungen und Praxistipps für Vorgesetzte*. Zürich: Orell Fuesli Verlag.

Mishra, S. (1998). Explaining how survivors respond to downsizing, the roles of trust empowerment, justice an work and redesign. *The Academy of Management Review, 23* (3), 567.

Monke, L. (2007). *Mehr Rechtssicherheit bei der Verwendung von Punkteschemata. Personalwirtschaft* (2/2007. Aufl). Frankfurt: F.A.Z – Fachverlag.

Neuberger, O. (1990). Personalpraxis im Spannungsfeld von Objektivität, Intersubjektivität und Subjektivität. *German Journal of Human Resource Management* (2/1990. Aufl). Zeitschrift für Personalforschung.

Struck, O., Krause, A., Köhler, C., Pfeifer, C., Sohr, T., & Stephan, G. (2006). *Arbeit und Gerechtigkeit*. Wiesbaden: Springer.

Weisbach, C. (2001). *Professionelle Gesprächsführung. Ein praxisnahes Lese- und Übungsbuch. Beck-Wirtschaftsberater*. München: dtv.

Wurth, K. (2017). *Trennungsmanagement in Unternehmen. Trennungsprozesse in Führung und Personalwesen fair und transparent gestalten*. Wiesbaden: Springer.